AF397209

Kustantaja: BoD - Books on Demand,

Helsinki, Suomi

Valmistaja: BoD - Books on Demand,

Norderstedt, Saksa

ISBN: 978-952-33-9393-6

KAAOS

RUNOJA

Trilogian ensimmäinen osa

Aurinko kolhii kurkihirteen

valon yksityiskohdat

pisamat

luomet

peltikatolla

tuulen parvet levällään.

Oispa viiniä

oispa jota kaivata

yli kaksikymmentä vuotta sitten

rakensimme toisistamme kodin

eikä muita huonekaluja

kuin yhteiset illat

erottiin eikä

sinun itsepäinen aurinkosi

suostu laskemaan

minun suruni taakse.

Sypressien tuoksu

uidaan alasti

meri velloo

nostaa esiin

Nuolisammakoita

autonrenkaita

energiajuomatölkkejä

tänne kuulumattomia

lajeja.

Toisinaan ovat lehdet

puitaan raskaammat

perhoset niittyjään.

Lapsi ahmii keltaista lunta suuhunsa

Alepa on pitseria taas

rikotusta ikkunasta voi

nähdä mitä tahtoo

puistonpenkit viety

joutuu seisomaan

puun varjona.

Kaupunki kaatuu wifi-viidakkoon

kirjastovirkailijat ovat uudelleenkoulutettuja

sotilaita

keräävät luoteja

bonus-pisteitä supermarketeista

ihminen on bitti

käyttäjätunnus

ja vain valveutuneimmat menevät

nukkumaan avaruuskypärä päässä

kuollakseen öisin.

Herään siihen kun leikkaat kynsiäsi

mä pesen sut saunan jälkeen

lauantai iltana

eikä mikään totta rakkautta enempää

tuulenpuuska ikkunassa

hetken näyttää siltä

kuin meri

eläisi kauneus

tarpeeksi hyvä

olen pulssillasi kuin Janasaaren

viimeinen Delfiini

tahdon nukkumaan unta

joka ei ole omani.

Kaupassa jono

on yhteiskunta

Suomenlinnalla homot

jalkautuvat kuin eksyneet kromosomit

kodittomat kääriytyvät sanomalehtiin

Finnair lentää taivaalla korkean paikan

kammoni läpi.

Vaihdoin talvirenkaat lenkkareihin

maksan ulkomaanvelkaa

keräämällä tölkkejä

linnut sulavat puista

on kevät.

Koira paimentaa auringon

telakoiden yli

yllättäen rakkaus niin matalalla

että yrität koskettaa sitä

lokki katoaa taivaalle

pysymättömyys meissä.

Puhun rentukoille

Watua-saari hukkuu mereen

metsä siirtyy selkäni taakse

juopua tähdistä

ojien kitkeristä tuoksuista

mullan maku suussa.

Liikennevalot esi-isien mailla

auton valokeilassa viimeinen tiikeri

siksi en nuku

kuten muut nukkuvat yönsä

syksy kuten kuvittelin kevään olevan

postiluukusta putosi mainos

jossa ihminen on tarjouksessa

pidetään toisiamme

kuten katokset sadetta.

On kirjoitettava uusiksi se

mikä meissä on jäänyt kesken

se mikä ei ole

kuten on.

Sinulla oli jo nimi

palasina kurkussa

jokainen tavu

Lasken käden ontolle

vatsallesi

surunhiljaisuus viipyy silmäkulmassa

ikkunasta hahmottuu

miten syksy menee kesken.

Olen pyytänyt mehiläisiltä

anteeksi kukkia

joita olen poiminut.

Samat lehdet puissa.

Se mikä oli ennen

on nyt.

Muovipullossa tilkka kiljua.

Tulossa luoksesi rakas

hauki repussa.

Olen kirjoittanut paljon rakkaudesta

mutta nyt jätän pariskunnan kävelemään

teidän mielikuvituksenne varaan

Oli kesäkuun neljäs ja kahdeksas

yhtä aikaa

eikä mikään liiku poispäin

kohti.

Vaari ojensi kärpäslätkän

-Kuolevat kumminkin syksyllä.

En tohtinut.

Tuomi kukassa

Laupeutta ikkunan molemmin puolin.

KADUT VAASAN KAUPUNGIN

Eeppinen saaga

VAASANPUISTIKKO

Tapsan Grilli

Vanha nainen avaa

snagarin luukun

pimeä ainut valo kadulla

ne jotka ovat toista

kertaa naimisissa

muodostavat jonon

nakkiveden sininen tuoksu

nortin ja mennenin

mulla on sepalus auki

mä olen auki

Puskantien Pythagoras

gimmani kuin lapsen piirros

olen sinappia onnellisempi

Amigo Ylätorin nopein länkkäri

pummaa pari markkaa sormipyssy taskussaan.

KOULUKATU

Sköne

vanhuksia kävelyllä.

Puhutaan ruotsia.

Arkkumanu jokapäiväinen

näky.

REININKATU

Voimalaitoksen savupiipusta

putoaa hiilipääsky

Lefan kirjoittama.

PALOSAARENTIE

Repussa mäntysuopaa

ja porsta

merenneidot tulossa

kylään

Puuvillatehtaan halkeamat

kasvattavat sammakoita

Präntöön Pikku-Kalle

puhunut fisujen kieltä jo kauan

Onkilahti

taiteilija Kessunmaan

kaleidoskooppi.

HIETASAARENKATU

Istun kapakan portailla

sylissäni maailman viimeinen

nainen

asvaltin tummalta satiinilakanalta

aurinko nousee

perimään velkoja

kaukana soi Intiaanien

pan-huilu

nahkahousujesi läpi tuoksuu pillu

rinnassa polttava

Sorbus.

RANTAKATU

Suolan tuoksu

Sorsissa roikkuvat vaahterat

meren liplattava lantio

aaltojen kiiltävät suomut

vesikampaus

saanko luvan?

LAIVAKATU

Ilmaiskahvit Vapaaseurakunnassa.

Käärin sätkän valmiiksi.

Affe tarjoaa ryyppyä.

Joku kertoi nähneensä

ylätorilla valkoisen leijonan.

SISÄSATAMA

Kaipaan hetkeä

sisäsataman penkillä

viinipulloa josta en

joisi kuten muut

taivaalla paistaisi

aurinko eri.

Jossakin ulvoo susi:

Trubaduuri Jesse

on ryypyn tarpeessa.

KLEMETINKATU

Heräsin päivällä sohvalta säteilypuku päällä

levysoitin vatkaa tupakansavua

asun kadulla hammasharja povarissa

puolukkametsissä citykanien kanssa

jätin teltan rautatieaseman lokeroon

loton lähikauppaan

naisen Osloon

vastaan asunnossa soivaan puhelimeen

-jos käyt pesulla

saat illalla pillua

ikkunassa pysähtynyt maisema

painan play-näppäintä ja pilvet lipuvat taas

västäräkki jatkaa

naapuritalon siivooja

alaston pari

Ilmalaiva Italia.

YLÄTORI

Otan kirjojen takaa hyllystä

jemmapullon

aamupäivä on kaunis

haisen dösässä vanhalta viinalta

nukutulta hieltä

Tokio ymmärtää varisten kieltä

kun ne juttelevat kylmistä öistä

vanhoilla siiloilla

Diakoni murensi varpusille näkkileipää

sinun edestäsi annettu

nyt pääsee Pumukin kirjaan

otettuaan vikat kiljuryypyt

mehukattipurkista.

PITKÄKATU

Ohikulkija heittää viis markkaa:

Tupakoilla poltettu

Pikku-Tiitu taipuu spagaattiin

niiatessaan kiitoksen

Alkon kassalla

tummaa pukua käyttävä

herrasmiesjuopoksi nimetty

kaivaa vapisevin käsin taskustaan pastilleja

ulkona istuvien kohtalotovereiden

naurunmyräkkä

perintö valuu kurkusta alas.

RAUHANKATU

Puutalomiljöö

mansikkamaa

lavastaja pesee vaimonsa selkää

puutarhaletkulla

aurinko istuu

kuistilla vanhana miehenä

nokkoset tuoksuvat

halpa valkoviini

shakinhiljainen ilta

Osmo juttelee Juhanille

olen onnellinen kanssasi

valkoisilla muovisilla puutarhatuoleilla

tahdon kantaa saunapuut

nähdä nälkää yhdessä ja samassa paikassa.

KELLOSEPÄNKATU

Lopulta poliisit hakivat

asunnosta yksinäisen

koiran

samaan aikaan kun mies joi

itseään kuoliaaksi

vaimo piti synnytysosastolla

silmiään kiinni

jäätelöauto ajoi jossakin.

Paljon myöhemmin

onnelliset vanhemmat

pallokentän laidalla

happinaamarit päässä.

NIEMELÄNTIE

Taskulamppu sytyttää taivaalle kuun

tuoksuu nafta

seitsemän kertaa kuollut

koira kaipaa rapsutuksia

proomut jättävät jälkeensä

muistoja joita ei aiemmin tullut ajatelleeksi

nuoruutta Iltateetä

puuvillatehtaan harmaa savu

yökerhojen haalarijonot

humalaiset teinit jatkavat sukuaan

pikaruokaloiden vessoissa

sähköpotkulaudat keräävät

ojissa voimiaan

perkaan kalaa kivikaudelta

tänne pyrkivät pesimään linnut

toisilta planeetoilta.

HOVIOIKEUDENPUISTIKKO

Lapsi torkkuu pää dösän ikkunaa vasten

Mertsi on aikaisin hereillä

katulamppujen kelta varisee lämpöä

kusi lorisee strippibaarin edustalla

pakokaasujen tuoksu työmatkoilla

torilla paidaton partamies

suojalasit kasvoillaan

punanaamainen kenkäkauppias

pulut juoruavat kerrostalon räystäillä

eläkeläisten kahvipakettijono supermarketin ovilla

mallinuket lasin takana

muistuttavat yhä enemmän

eleettömiä tunteettomia meitä

leipomon auto muuttuu metaforaksi

Wiikareen kello josta koko kaupunki

peilaa aikansa.

KAUPPAPUISTIKKO LEIPÄJONO

Uurteisia päivettyneitä kasvoja

Afrikkalaisia

Arabeja

lapsella sylissään

kultakalamalja

panettaa

lähtis darra

jono on 30-luvun mykkäelokuva

johon rakastetun odotetaan saapuvan

hernaria vai lihapullat

elämää ei voi vaihtaa

kuten säilyketölkkejä voi.

MÄKIKAIVONTIE

Kusin kännissä sohvalle

makaan hetekalla

synkkä Sunnuntai

tiskaat rööki suussa

Linkin Park täysillä

turha imarrella

koska kommandojoukot ovat

heti katolla.

Lepytykseen:

Serenadi ilmakitaralla

rappuharjalla

Ilmaispallo pankista.

SEPÄNKYLÄNTIE

Istun huoltoasemalla kahvilla

pitäis mennä työkkäriin

huhtikuu

lumityöt loppuivat

kusihätä

Ville tulee juttelemaan

pitäs päästä vessaan

olis elämällä joku suunta.

Peilin edessä

asettelen kivekset

mukavammin farkkuihin;

maailman keskipiste

muuttuu.

PUSKANTIE

Minusta ei ollut kotiin

television ääreen

tarvitsen kokonaisen

olalle taputtelijoiden sakin

join liikaa olutta

kumosin suhteellisuusteorian

mielenosoituksessa kannatan

kyliin bordelleja

rakkautta ilman rajoja

piilotan pakolaisen lelukaappiin

unelmia pitää olla

maailmanrauha

pullo viiniä

tulitikkuaski.

PALOKÄRJENKATU

Nainen juo Fairya

ja kävelee

parvekkeen kaiteella

"People are strange"

soi taustalla the Doors

-On meitä muitakin lahjakkaita

sanoo ja antaa lakkinsa

-ettei se putoa.

nähdä maailma linnun silmin

mutta lintu ei lainaa silmiään

-etkä sitte soita kyttiä!

-En en sanon ja tilaan pitsan kotiin

Istutaan sohvalle

häädetään kaljalla

kuolemanpelko.

KUNINKAANTIE

Täytän asuntohakemusta:

-Hiivaa

-Sokeria

Omenat Ritvan puista.

1h+kk linnunradan varrelta.

YLÄTORI

Penkillä samat miehet:

Kantola on entinen boksari

Pepe entinen maalari

Jokke muurari

Tomppa on toistaiseksi

pysynyt katolla.

Miehet jotka eivät muista syödä

elävät pelkillä muistoilla

pullo kiertää

tuleva se mikä on mennyt.

KUNINKAANTIE

Pub Nestehukka

Siellä Kikura kuin vakka

Ape ja korttipakka.

OODEJA

Kissankellot nurtsilla

kesätuuli

vähä hyttysiä

vähä viiniä

jossakin rakennetaan

ohjuksia.

Laineiden heikko liplatus

saunasavu

märkä vihta

koivupuiden nukuttava humina;

Tänne rakennetaan ydinvoimalaa.

Runoilijan tulot:

pari kolikkoa

rotsin taskussa

selityksiä

tekosyitä

taidetta jokainen

toimeentulotukihakemus.

Omenat tupakoita

vanhan miehen päiviä.

Kun taakka on

laskettu harteilta työt

luovuttu suunnitelmista

vallata Karthago

tai mielelle

mahdoton ladyboy

jokin kuolleista

kaupungeista.

LEHTIMÄKI

Ulkohuussin nurkassa hämähäkki

vein pipon pesäksi

navetan katolle

ruohikko pisteli

jalanpohjia.

Lapsena taputtelin muurahaisia

selkään

kärpäset välittivät viestejä.

Ruostunut kirves

setä jätti jälkeensä

valtavan määrän klapeja

taloon jota kukaan

ei lämmitä

kuten nukkuvat lapset

joita nykyään on kielletty tulemasta.

Tulevaisuuden mummolat

56

Korkea ruohikko

eikä ainuttakaan

lintua langalla

poisheitetyt tietokoneet

valloittavat metsiä

piisami on kuollut.

Tekosyitä

Mutta entä jos

ydinvoimalat vuotavat

ohjukset laukaistaan

olisi monta syytä

hakea salaa

metsäpolkua pitkin

lähikaupasta kaljaa

hävetä sitä

että ymmärtää

eläinten puhetta.

Kaikkea pidetään

itsestään selvänä

lehmiä jotka hännillään

hätistävät kärpäsiä

että on kesäkuu

ja me menemme mökille

ja tiskaamme käsin.

Puhelinluettelosta

löytyy eniten Virtasia.

Jossain vielä tapaa

auringonlaskuja

joita pidetään

informaatiokatkoksina

minulla ei ole kiire

istun kahvilassa

ja seuraan ikkunasta

miten pikkupoika

vaihtaa paristoja

tokkuraiseen puluun

pilvien Tai-Chi tuokio.

Vårt land

Juodaan raparperiviiniä

pelataan sököä

sinivalkoruudullinen

vahakangasliina

pirttipöydällä

sateen rauhoittava ropina

mummon päätä särkee

tietää ukkosta

puhelin vedetään

irti pistorasiasta

tuoksuu perattu kala

tämä maa on kaunis

se on käännetty tylsällä

kuokalla.

2

Talot ovat vinoja

niihin on nojailtu kusella käydessä

murheista raskaat rappuset

ikkunat maantielle päin;

turhan monta kertaa

niistä on pälyilty miestä kotiin

järvellä on Jumalan kasvot

muuttolinnut saaneet runoissa

kaukokaipuun ääret

pilvet kiinnittyvät toisiinsa

kuin iso siipi eläin

kuin jokin selittämätön

väärän maailman airut

maisema on naula seinässä

voikukka mänty

joskus kuu.

John Lennon

dippaa kuhaa

auringonväriseen

kastikkeeseen

rankkasade

pyykit unohtuneet narulle

sateenkaaren päässä kuivausrumpu

mutta Yoko

Imagine.

Korpeinen

Vesku potee darraa Reijon sohvalla:

-Mitä jää ihmisen ja tämän väliin?

-Silta joka olet makuullasi, toteaa R.

Siitä tulee hyvä biisi.

Juon aamukahvia

tupakoin

pöydällä kaikki

tarpeellinen

Ovidius

Camus

litra maitoa.

Niitä päiviä

jolloin ei tarvitse

lähteä minnekään.

Cafe de Paris, Vaasa

Istun kahvilassa

ikkuna peilaa

todet ja epätodet

vihko ja kynä laukussa;

näillä on

tultava toimeen.

Raippaluodon silta

Silakkaa nousee

lapsuudesta saakka

kerrostalon rappukäytävään

rasvan käry

Miten vähään saatiin

mahtumaan onnemme rippeet:

Maitoon

pullaan.

KÖKLOT

Merikotka

tai

veden pintaan

heijastunut ajatus siitä.

Iloisia poikia

onget repuissa.

Sääntö

Entropia aiheuttaa kaaosta.

Ajan nuoli osoittaa

lopulta itseä kohti.